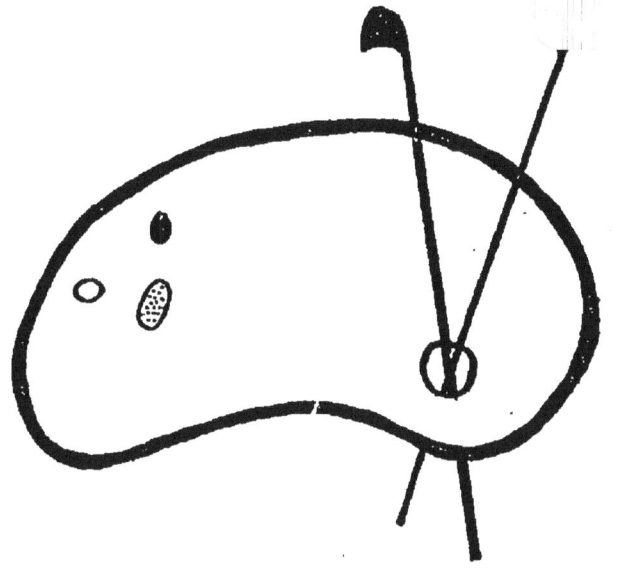

DEBUT D'UNE SERIE DE DOCUMENTS EN COULEUR

ÉTUDE SUR LE RIF

(MAROC)

PAR

M. LE CAPITAINE WINKLER

Chevalier de la Légion d'Honneur

Officier de l'Instruction Publique

Communication faite à « BIARRITZ-ASSOCIATION »

(Seance du 2 Septembre 1897)

IMPRIMERIE LAMAIGNÈRE

BAYONNE, RUE JACQUES LAFFITTE, 9; RUE DU CHATEAU, 2, BIARRITZ

1898

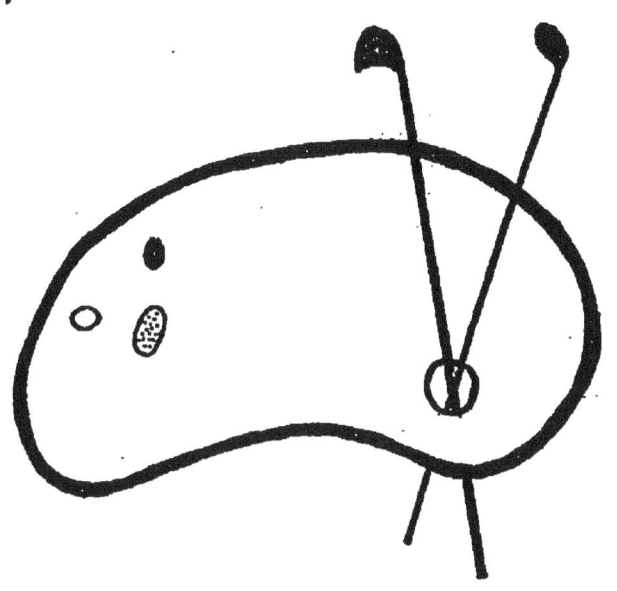

FIN D'UNE SERIE DE DOCUMENTS
EN COULEUR

ÉTUDE SUR LE RIF

(MAROC)

PAR

M. LE CAPITAINE WINKLER

Chevalier de la Légion d'Honneur
Officier de l'Instruction Publique

Communication faite à « BIARRITZ-ASSOCIATION »

(Séance du 2 Septembre 1897)

IMPRIMERIE LAMAIGNÈRE

BAYONNE, rue Jacques Laffitte, 9 ; rue du Château, 2, BIARRITZ

1898

ÉTUDE SUR LE RIF [1] (MAROC)

Le Rif est resté impénétrable à la civilisation moderne; replié sur lui-même, ne demandant rien aux pays qui l'entourent, ce canton du vieil empire du Maghreb est demeuré ce qu'il était il y a déjà plusieurs siècles.

Ni les Phéniciens, ni les Carthaginois n'avaient jugé utile de fonder sur cette côte septentrionale de la Mauritanie Tingitane des comptoirs qu'ils avaient cependant multipliés sur la côte occidentale. Dans les derniers temps de la domination romaine, on avait fini par explorer la côte méditerranéenne comme la France l'a fait en 1855; on en longeait les rivages, on y touchait même, ce que nous ne pouvons plus faire impunément aujourd'hui; l'intérieur du Rif est resté fermé et inaccessible aux explorateurs.

La cause de cet isolement est due à la crainte des indigènes de voir un jour leur pays appartenir aux chrétiens, et aux jalousies réciproques de quelques grandes puissances européennes qui se surveillent d'un œil inquiet et dont aucune ne pourrait consentir à voir le Maroc devenir la proie des autres.

Le seul européen libre qui ait traversé le Rif du Nord au Sud est le français Roland Fréjus, il y a de cela plus de deux siècles et, il y a une dizaine d'années, une femme intelligente, une institutrice, née miss Keane, l'épouse chrétienne du chérif d'Ouazzan, se rendit à cheval de Melilla à Tanger, en suivant le chemin excessivement difficile qui longe le littoral.

OROGRAPHIE

D'après ce que l'on voit de la mer, la constitution orographique du Rif présente un certain nombre de chaînes (quatre, et même quelquefois cinq, *suivant le dire de plusieurs indigènes*) courant parallèlement entre elles au rivage, ainsi que le confirme, du reste, l'historien Ibn-Khaldoûn.

Le massif considérable [2] qui s'étend entre le cap Spartel et la Molouïa, et qui forme la limite entre le Rif et le Maroc proprement dit, a pour chaînons principaux, de l'Ouest à l'Est :

1º Le Djebel Mouça (856 m.);
2º La chaîne de l'Ifaouz (819 m.);
3º Le Djebel Beni Hâsan, le mont Anna des cartes (2201 mètres d'altitude);
4º Le Djebel Zarzar;
5º Le Djebel Goûn ou Kaouïn, l'ancien Ben-Zerval des Arabes, ou le mont Beni Guarzeual de Léon l'Africain (2,200 mètres);

Un volcan, encore en activité, existerait dans la partie Est de ce massif [3];

6º Le Djebel Senhadja;
7º Le Djebel Gueliz, ayant au Nord le Djebel Guezennâya;
8º Le plateau peu élevé du désert de Gâret;

[1] Le cadre de cette courte notice, faite au moyen de documents déjà publiés et de renseignements obtenus par des Rifains en 1895, ne nous permet pas de faire de la région du Rif une description bien détaillée. — La carte ci-jointe donne de nombreuses indications sur l'orographie, l'hydrographie et la géographie comparée de ce canton septentrional du Maroc.
Les renseignements que nous donnons pourraient certainement servir en cas d'une intervention de la France dans la question future du Maroc.
[2] Ce massif rifain est indépendant du système des trois chaînes de l'atlas proprement dit; il occupe l'extrême-nord du Maroc et semble être le prolongement de la chaîne de Gibraltar.
[3] Joannes Leonis (*Africani Detotius Africae descriptione libri IX*. Anvers, 1556, page 170) mentionne ce volcan.

NOTA. — **La carte du Rif est déposée aux archives de « BIARRITZ-ASSOCIATION », où elle pourra être consultée.** — (Demande formulée par l'auteur.)

Et 9° Les monts Kebdana, où l'on remarque, à une dizaine de kilomètres de la côte, et au Sud-Ouest du cap de l'Agua, les deux pics : Tessan (990 m.) et Bérard (686 m.).

Les chaines secondaires, dans le Rif même, sont interrompues par de nombreux cours d'eau et divisées chacune en différents petits massifs allongés ; savoir (de l'Ouest à l'Est) :

1° Le mont Vert, de la carte marine (410 m.) ;
2° Le mont Négro ;
3° Le Djebel des Beni Saïd de l'Ouest (1,800 m.) ;
4° Les Ghomara, dont on connait la hauteur de plusieurs sommets, variant entre 1,072 et 1,850 mètres ;
5° Les monts St-Allar et Scovassa, de la carte marine (ce dernier a 1,190 m. d'altitude) ;
6° Le Djebel Hamâm (1.520 m.), ayant au Nord le Djebel Yellès (1782 m.) ;
7° Le mont Pigeon (330 m.), chez les Boquôya ;
8° Les Temsâman (1,620 m.) ;
9° Le Djebel Médioûna.......... à l'ouest du Foumm Gâret ;
10° Le Djebel Metâlsa (1,620 m.).   id.   id.
11° Les monts des Beni Saïd de l'Est (1,437 m.) ;
12° Le mont Bareaïtzeguy ;
13° Les pics de la pointe Ras Sidi Aïssa (1,140 m.) ;
14° Le mont Davranche (836 m.), chez les Guela'aya ;
15° Les monts Rebagliato (275 m.),   id.
16° Le mont Milon (836 m.) ;
17° Le mont ou pic La Selle (289 m.) ;
Et 18° Le mont Melilla ou Camuru (1) ;

Enfin, au Sud de Melilla, on remarque le désert de Gâret, qui coupe du Sud au Nord la moitié de la partie Est du Maroc, et qui vient mourir, à peine modifié, sur le rivage de la Méditerranée.

Jusqu'où vont, du côté de l'Ouest, la formation volcanique basaltique des montagnes des Guela'aya ; du côté de l'Est, les roches sédimentaires des terrains secondaires *(oolithique, crétacé, néocomien)* et tertiaire *éocène* des environs de Tanger et de Tétouan, comme les gisements de houille au Nord-Est de cette dernière ville ? Ce sont, dit M. Duveyrier, trois problèmes posés aux explorateurs futurs (2).

HYDROGRAPHIE

Parmi les nombreux cours d'eau, qui sortent des différents massifs constituant la région du Rif, les trois principaux, dont la longueur ne semble pas dépasser 90 kilomètres, sont, de l'Ouest à l'Est :

1° L'Oued Ouargha (l'Ouringa de la carte marine). — Il prendrait sa source au Nord, et entre le Djebel Gouïn et le Djebel Senhadja, coulerait d'abord vers l'Ouest, entre le Djebel Gouïn et le premier massif secondaire, parallèlement à la côte, et prendrait la direction du Nord, à égale distance de sa source et de son embouchure (3) ;

2° L'Oued Ghis, qui reçoit l'Oued Nekoûr, un peu en amont de la ville de ce nom ; le premier prendrait sa source non loin de celles de

---

(1) Nous faisons remarquer que la plupart des noms de montagnes, de rivières, de localités, etc., etc., de la côte du Rif, ont été défigurés par les pilotes espagnols dont les marins français ont dû accepter la nomenclature.

(2) M. Maw (J.-D. Hooker, *Journal of a tour in Morocco*, Londres, 1878) a constaté, en géologue, que la côte Sud du détroit de Gibraltar présentait les preuves évidentes d'un soulèvement moderne. Les montagnes du Rif ne semblent être que le pendant des chaînes espagnoles qui se trouvent en face.

(3) Les cartes actuelles, *ainsi que la nôtre ci-jointe*, ne sont encore que des ébauches dressées sur des renseignements indigènes et d'après un certain nombre d'itinéraires, parfois aussi difficiles à relier dans l'ensemble qu'à concilier dans les détails. Il n'a jamais été publié un itinéraire concernant le Rif même ; nos explorateurs n'en ont fait que le tour.

l'Oued Ouargha, mais coulerait de l'Ouest à l'Est, au Nord du Djebel Senhadja, et prendrait la direction Nord, à soixante kilomètres de la mer; le second prendrait naissance à l'Ouest du Djebel Medioûna ;

3° L'Oued bou Kerd' (1), qui sortirait du Djebel Senhadja (prolongement du Djebel Gouïn) pour prendre aussitôt la direction Nord-Nord-Est, en passant à l'Ouest du Djebel Guezennâya et à l'Est du Djebel Métâlsa.

Les cours d'eau de moindre importance qui sortent des chaînes secondaires du Rif sont :

Entre Ceuta et l'Oued Ouargha :

1° L'Oued es Smir, qui sort du mont Vert ;

2° L'Oued Ras, appelé aussi Martil ou Martin ; il vient de Tétouan, est navigable et, vers son embouchure, la rive gauche est marécageuse ;

3° L'Oued Laou, situé entre deux petits cours d'eau navigables ;

4° L'Oued Issoumaten, ou la rivière appelée Omaça, qui, paraît-il, sort du versant septentrional du Djebel Zarzar et contourne à l'Ouest le massif des Ghomara ;

5° L'Oued Issoumaten des Ghomara qui n'a qu'un petit parcours ;

6° L'Oued M'ter, qui prendrait sa source au Djebel Zarzar ;

Et 7° L'Oued Tarssa, qui prendrait également naissance au Djebel Zarzar.

Entre l'Oued Ouargha et l'Oued Ghis :

1° La rivière des Bou-Ferâh, qui sortirait du Djebel Hamâm, pour se jeter dans l'anse de Mostaza ; ce petit cours d'eau est navigable près de son embouchure et sert à abriter les navires marocains ;

2° Un petit cours d'eau qui porterait le nom « d'Oued Aslaf ? » ; il sort du Djebel Hamâm, contrefort du grand massif de Senhadja et se jette dans la baie de l'anse d'Alcâla ;

3° La rivière de Bousicou, que les indigènes appelleraient également « Oued Aslaf ? » ; ce cours d'eau coulerait à l'Est du Djebel Hamâm et du Djebel Yellès, chez les Beni Boqoya.

Entre l'Oued Ghis ou Nekoûr et l'Oued Bou Kerd' :

1° L'Oued Bou 'Azzoun, qui sortirait du Djebel Medioûna, coulerait à l'Ouest du Djebel Metâlsa, en passant entre les Temsâman et les Beni Saïd de l'Est, pour se jeter dans la Méditerranée, près de Sidi Dris.

Enfin, de nombreux ruisseaux, indiqués sur la carte ci-jointe, sortent de la chaîne côtière.

Au Sud-Est de Melilla, on remarque la Sebkha d'Aboû 'Areg (le lac de Puerto-Nuevo de la carte marine — ou des Espagnols), lit d'un lac salé, ancienne baie de la Méditerranée (2) ; cette Sebkha, suivant M. Duveyrier, mesure environ 28 kilomètres de longueur et, au moment des gros temps, les eaux de la mer rompent la faible barre qui obstrue le goulet ; en temps calme, la Sebkha est à sec et le fond est assez solide pour pouvoir y passer.

A l'Est de cette Sebkha, on rencontre l'Oued Molouïa, la Malva des anciens, qui formait jadis la limite entre la Mauritanie Césarienne et la Mauritanie Tingitane.

L'Oued Molouïa, grâce à notre hésitation, n'est plus une frontière, il est resté au Maroc et sera toujours pour nous, ou plutôt pour notre Algérie, un sujet d'inquiétude.

Ce cours d'eau, souvent visité par notre armée d'Afrique, est, d'après des renseignements fournis par des pêcheurs du Rif, si rapide, que l'eau conserverait sa douceur jusque fort avant dans la mer. Souvent presqu'à sec en été, il devient navigable en hiver et principalement à l'époque de la fonte des neiges ; il prend sa source dans l'Atlas proprement dit, coule

---

(1) Nous préférons écrire Kerd' plutôt que Kert.
(2) Cela vient à l'appui de l'hypothèse de Tissot, quand il parle de Taenia Longa (anse des Peupliers) dans ses recherches sur la géographie comparée de la Mauritanie Tingitane (page 19).

d'abord du Nord au Sud et remonte ensuite (par le Sud-Est) insensiblement vers le Nord. Sur la même latitude que la ville de Fez, l'Oued Molouïa reçoit à gauche l'Oued Amtillou (l'Amilo flumen des anciens).

LA COTE DU RIF [1]

A l'Ouest de l'embouchure de l'Oued Molouïa se trouve le cap de l'Agua (le cap des Espagnols), qui forme, dans la direction de Melilla, l'anse au fond de laquelle on remarque le village de Ras Sidi Bachir, où le petit port excellent d'Agueddim.

En face, au large, on aperçoit les îles Zafarines où les Espagnols nous ont devancés de vingt-quatre heures en 1849.

Le mouillage de ces îles est un des meilleurs de la côte du Rif.

Melilla, forteresse appartenant aux Espagnols depuis 1496.

L'Ile, ou le rocher aride d'Alboran sur le 36° Nord (la Drinaupa des anciens), appartient également à l'Espagne.

La pointe d'Abdoun qui limite, à l'Ouest, la baie de Sidi Guedih', à laquelle Edrisi donne le nom de Mersa Kert, c'est-à-dire le port de Kert. Très fréquenté au moyen âge, ce mouillage offre un refuge que l'Itinéraire maritime n'a pas passé sous silence.

Le présidio espagnol d'Alhucemas, qui a été occupé par l'Espagne en 1873. Sur la rive dr... e de l'Oued Ghis, appelé aussi Nekoùr, se trouve la ville ancienne de Nekoùr qui, au XI° siècle, était la capitale d'une vaste circonscription administrative, comprise entre la Molouïa et l'Oued Ouargha.

La pointe Bosicou, c'est-à-dire le Ras Bouz-Kour, dont l'anse est formée de falaises très accores et à laquelle l'ancienne Pareatina semble devoir son nom.

Penôn de Velez, le présidio d'El Mezemmâ, qui a été conquis par les Espagnols en 1508 ; repris plus tard par les Marocains auxquels les Turcs l'enlevèrent ensuite, il redevint définitivement espagnol en 1564. Au fond de l'anse d'Alcàla se trouve la petite ville de Bàdis, l'ancien port marocain.

Bàdis présente les restes d'une ville romaine sans doute ; cet endroit serait le point de débarquement le plus favorable pour se rendre de la côte dans l'intérieur du Rif (ÉLISÉE RECLUS).

Il est probable que les indigènes opposeraient une grande résistance dans le Djebel Yéllès, situé au Sud de Bàdis, où l'on a vainement essayé de fonder un établissement minier.

L'anse de Mostaza, le port actuel de Fez ; un mauvais chemin, qui traverse le Rif du Nord au Sud, sert au transport des marchandises à dos d'animaux de bât ; ce chemin franchit, avant d'arriver à Fez, le Djebel Goùin, qu'El Bekri appelle Beni Kaoïn ; c'est le nœud central du système orographique du grand massif méridional du Rif, d'où le même historien fait effectivement sortir le Ouargha, le Ghis-Nekoùr et le Kerd'.

La plage de Mostaza, qui est sablonneuse et limite une plaine assez étendue.

La pointe des Pêcheurs, d'où l'on remarque, à l'Ouest, l'embouchure de l'Oued Ouargha ; elle offre une belle plage de sable et le mouillage est à l'abri des vents d'Est.

L'anse des Peupliers (2) ou de Thigissa, où l'on peut mouiller sur un fond de sable à petite distance du rivage.

Le village d'Oustrak, sur lequel nous n'avons pu obtenir aucun renseignement.

---

(1) Cette côte n'est réellement connue, au point de vue hydrographique, que depuis la mission remplie, en 1855, par MM. Vincendon-Dumoulins et Ph. de Kerhallet. Les résultats de cette exploration se trouvent consignés dans l'ouvrage intitulé « Description nautique de la côte Nord du Maroc ; Paris, 1857 ».

(2) Ce nom semble avoir été donné à l'anse de Tighina, à cause des forêts de peupliers et de chênes qui existent chez les Ghomara et les Bou Feràh.

L'embouchure de l'Oued Laou, qui est assez profonde pour porter des bâtiments d'un faible tonnage ; cette rivière sert de port aux bateaux qui viennent de Tétouan y charger les bois de construction que fournit en abondance cette partie du Rif ; un mauvais chemin existe entre ce port et la ville de Fez.

Tétouan, qui est assez éloignée de la côte, est considérée comme la grande ville du littoral méditerranéen ; elle se trouve sur une hauteur entourée de vergers et d'orangers.

Les bas-fonds sont malsains, car les marais de l'Oued Martil engendrent des fièvres dangereuses pendant l'été.

Entre le cap Négro et Ceuta se trouvent plusieurs mouillages excellents par vent d'Ouest.

Ceuta, port libre, qui appartient à l'Espagne depuis 1570.

L'INTÉRIEUR DU RIF

L'intérieur de cette région n'est presque pas connu ; il en est de même de la richesse minérale du pays.

Voici les faibles connaissances que nous possédons sur ces parages inhospitaliers :

Localités. — Oudjda, dont il sera question plus loin ; Chichaouan, ville entourée de vignes ; dans le voisinage se trouve la maison-mère de l'ordre religieux des Derkaoua (1).

Bou Béria, localité.
Vidchiga, id.
Village d'Oustrak.
Casfafa, ancienne localité.
Aghla, village.
Errouadi, id.
Beni Bou Yaqoûb, propriété bien cultivée.
Tafarait ou Tafersit, petit centre.
Méduhar, petite localité.
Mecha Khersour, id.
Assi Berkan, id.
El Kasbah Selouan, id.

Consulter la carte ci-jointe pour voir l'emplacement des localités.

Itinéraires connus. — 1° Un chemin muletier partirait de l'embouchure de l'Oued Laou, traverserait une partie du pays occupé par les Beni Saïd de l'Ouest, pour passer à Chichaouan et irait de là jusqu'à Fez, par Ouazzan ou Mergo. Avant d'arriver à Chichaouan, un embranchement irait jusqu'à Aghla, par les Ghomara.

2° Un chemin muletier partirait de l'anse du Mostaza pour aller à Fez, en passant à Aghla.

3° Un mauvais chemin existerait entre Bâdis et Tafersit.

4° L'itinéraire ci-après a été suivi par Roland Fréjus, du 9 avril au 19 juin 1667, par ordre du roi Louis XIV : Fréjus débarqua à El Mezemma, vis-à-vis l'île d'Alhucemas, pour se rendre à Tâza, alors résidence du sultan Mouleï Er-Rachid, un des ancêtres du souverain du Maroc régnant aujourd'hui. Le voyageur passa par Nekoûr et Tafersit, et revint de Tâza à El Mezemma en suivant à peu près le même itinéraire. Fréjus était l'agent d'une compagnie française de commerce qui possédait un établissement (agricole, sans doute) à Beni Boû Ya'qoûb, à 25 ou 28 kilomètres au Sud-Est de Nekoûr, dans le canton de Temsâmân. Invité à prendre l'initiative de la proposition par 'Amar, cheikh de Temsâmân et de Botoûya,

---

(1) Le chérif d'Ouessan ou d'Ouassan est le chef de la secte des Mouleï-Taïeb. — Le mot Mouleï est un titre de noblesse équivalant à « monseigneur et maître. »

qui considérait la mesure comme utile aux habitants, Roland Fréjus préconisa en vain, il y a deux cent vingt ans, l'idée de la construction d'une forteresse française à El Mezemma !

5° Un chemin muletier existerait entre Tafersit et l'embouchure de l'Oued Bou Kerd'.

6° Melilla et Médubar, par Mecha-Khersour, seraient reliés par un chemin muletier traversant le désert de Gâret.

7° Duveyrier, en juin 1886, parcourut le pays entre l'Oued Molouïa et Melilla.

8° Dans le courant de la même année, miss Keane, épouse chrétienne du chérif d'Ouazzân, se rendit de Melilla à Tanger. Le récit de l'excursion de cette dame a été rédigé de mémoire, car il est interdit, même à la femme du chérif, de prendre des notes en route. Son voyage s'est accompli en suivant le littoral, tout près de la côte. Le pays, dit-elle, est extraordinairement accidenté et pittoresque, et le chemin horriblement difficile, dangereux même, au point qu'un cheval, cédé à Moûla' Ab Es-Salâm, ayant fait un faux pas, la pauvre bête est tombée au fond d'un précipice où on ne vit plus « qu'une pâtée de chairs ressemblant à une gelée ».

Le même accident faillit arriver plus loin au jeune fils du chérif ; il n'a dû la vie qu'à un buisson qui le retint au milieu de la chute.

Et 9° Un chemin existerait aussi, suivant le dire de quelques indigènes, entre Melilla et Chichaouan ; il passerait chez les Beni Saïd de l'Est, à Nekoùr et à Bou Béria (1).

Richesse en minerais. — Le sol du Rif serait riche en minerais. Une mine existerait au Djebel Hamâm, au Sud de Bâdis ; le fer abonderait chez les Beni Saï't de l'Ouest ; il en existerait aussi chez les Beni Toûzin, près du Temsâmâm, et chez les Beni Saïd de l'Est d'où on le transporterait à Fez. Enfin, dans le pays des Guela'aya, entre l'Oued Bou Kerd' et la Molouïa, il y aurait des mines importantes. Ce pays « de fer » expliquerait les déviations anormales de l'aiguille aimantée (observations faites par MM. Vincendon-Dumoulins et de Kerhallet, sur la côte du Rif, pendant leur mission maritime ordonnée en 1855 par Napoléon III).

Climat et Production. — Les parties montagneuses du Rif sont réputées pour leur climat très froid. Les montagnes seraient couvertes de forêts (2). Le buis se rencontrerait dans les monts des Beni Ouardefeth, près de Tétouan ; le peuplier existerait dans la vallée de l'Oued Ouargha ; le chêne, chez les Beni Saïd de l'Ouest. De hauts pins couronneraient les montagnes de Yellès, environnant Bâdis, et le genévrier, ainsi que le cèdre, se trouveraient dans les environs de Nekoùr.

L'olivier, le figuier, l'amandier, le cognassier, le noyer et le citronnier seraient assez répandus dans toutes les régions du Rif. On y cultiverait aussi le blé, l'orge, l'oignon et le lin. La vigne y existerait également ; ce seraient les Juifs qui fabriqueraient des vins appréciés. Les collines et les plaines seraient cependant en majeure partie arides dans l'intérieur. Le gros bétail serait peu commun, mais on y ferait l'élevage du mulet, du chameau et du cheval ; la chèvre serait de beaucoup l'animal domestique le plus répandu. Point de gros félins, ni d'antilopes, ni de gazelles, mais des sangliers, des lièvres, des perdrix et..... des chacals ! On y trouverait aussi beaucoup d'abeilles et des sangsues. La sardine est pêchée par le Rifain de la côte. Ce canton est, sans contredit, le plus pauvre de tout le Maroc.

---

(1) Ce chemin est tracé sur la carte ci-jointe, mais il est interrompu chez les terribles Metiwa' el Djebel (les Metiwa' de la montagne), les Rifains qui nous ont renseigné ne connaissant pas cette région.

(2) *Hæc regio prorsus est aspera, frigidissimis montis plena, in quibus vastissimas reperies solitudines, arborisque elegantissimis atque rectissimis refertissimas...* (Joannis Leonis Africani..... libri ıx, 1556, p. 262 a-b).

Population. — On ignore quel est le chiffre de la population du Rif, ainsi que la force militaire de ce canton. Les différentes tribus et fractions sont les suivantes (1), de l'Est à l'Ouest :

Les Beni Issenazen (2), les Kebdana, les Beni Djafer, les Mezaouïr, les Beni Boû Gâfer, les Mehaya et les Beni Hamdours.

Les *Guela'aya*, qui font partie de la 'Amalâ d'Oudjeda ; les Beni Saïd de l'Est, qui font partie du pays des Botoûya, et les Beni Oûlitchitich.

Les *Temsâmân*, les Beni Ouriaghel, les Metâlsa, les Guezennâya, les Beni Toûzin et les Aït Bou Yahiyin.

Les *Boqoûya*, appelés aussi Boqiwâ ; les Beni Férah, les Beni Mezdouï, les Beni 'Ammârt, les Marnisa, les Beni Ittefi, les Tsàrguist, les Çanhâdja, les Medioûna, et enfin les Fichtâla, qui habitent dans les environs d'Ouazzan.

Les *tribus complètement berbères* des Mesettâsa, des Métiwa' el Bahar (de la mer), des Métiwa' el Djebel (de la montagne), des Seddeth, des Taghzoût et des Kétâma.

Les *Ghomâra*, les Beni Où-Zeroùal et les Medjkâa. Les Beni Boû Zerâ, affiliés à l'ordre religieux de Sidi Amed El-Filâle, qui ont une tradition suivant laquelle une partie du pays des Ghomâra appartiendra un jour aux chrétiens. Les Chichaoùan, les Beni Saïd de l'Ouest, les Beni Madâân, les Beni Ouardefeth et les Beni-Hassen.

Toutes ces tribus ne paient pas d'impôts et ne concourent pas à la formation du contingent militaire de l'armée du sultan de Fez.

« C'est dans le Rif, paraît-il, c'est-à-dire dans la région du littoral, qu'ont fréquemment suivie des envahisseurs ou des émigrants venus de la péninsule pyrénéenne, que l'on remarque le plus grand nombre de Kabyles blonds. Tissot, voyageant parmi les tribus du Rif, s'étonna de rencontrer une si forte proportion d'hommes au visage complètement européen. Faut-il voir en eux, avec M. Faidherbe, les descendants plus ou moins mélangés de ceux qui ont élevé les monuments mégalithiques de la contrée ? (ELISÉE RECLUS). »

Schismes. — On est peu religieux dans le Rif. La religion primitive, celle des Berbères, semble avoir été le culte des Mânes dont Duveyrier a retrouvé des traces jusque chez les Touàreg Azdjer.

La religion de Moïse (3) paraît avoir fait des adeptes dans cette partie du Maroc et, comme on le sait, de très bonne heure, parurent, dans l'Afrique occidentale, les premiers missionnaires musulmans.

Les dispositions d'esprit des indigènes du Rif, au point de vue religieux, n'offraient qu'un champ très peu fertile ; cependant, les confréries de Sidi 'Abd el Kader el Ghilâni, de Moûleï-Tayyeb et de Sidi Mohammed Ben Aboû Ziyân recrutèrent quelques partisans ; les Darqâwa Chadheliya fondèrent un couvent au Djebel Boû Berth (4). Enfin, les Salâmiyin, ou élèves de Sidi Abd Es-Salâm Ben Machich, élève de Sidi Boû Medien et natif des environs de Tétoûan, firent de nombreux prosélytes.

La seule autorité religieuse reconnue actuellement dans l'Ouest du Rif serait le « chapitre des Chorfa de Moûleï Edris », c'est-à-dire les héritiers politiques de Sidi Abd Es-Salâm Ben Mechich.

(Nous jugeons à propos de ne pas nommer ici les chefs des différentes confréries de second ordre.)

Nous mentionnons aussi la secte de Moûleï Taïeb dont nous avons déjà parlé plus haut.

---

(1) Les fractions, qualifiées du mot « Béni » (fils ou descendants) sont d'origine arabe, tandis que les autres sont d'origine berbère.
(2) Habitaient dans le temps le territoire algérien des environs de Nemours.
(3) La légende marocaine dit que Salomon a fait exploiter des mines d'or au Sud de Fez et que le sceau qui existe sur le pont en pierre de l'Oued Sbou est celui de ce roi des Juifs.
(4) Nous ignorons le point où se trouve cette montagne.

RENSEIGNEMENTS AU POINT DE VUE MILITAIRE [1]

La partie du Maroc qui confine à notre frontière algérienne, et qui forme l'amalat ou district d'Oudjeda (2) (ou Oucheda), est habitée par plusieurs tribus que nous avons déjà mentionnées, et qui vivent dans une indépendance absolue, comme du reste toutes celles du Rif. Les principales de ces tribus sont les Beni Iznassen, qui n'ont pas moins de 197 villages et peuvent mettre sur pied 14,000 combattants, tant cavaliers que fantassins ; les Angad, grande tribu dont les nombreuses fractions parcourent les terres voisines de la frontière, et habitent, les unes la province d'Oran, les autres le Maroc. Ces derniers, connus sous le nom de Angad Gharaba, peuvent facilement réunir 10,000 fusils ; les Mehaya, tribu des plus importantes qui peut réunir 9,000 hommes et 2,000 chevaux ; et enfin les Beni Hamdours et les Kebdama pouvant mettre en ligne, ensemble, plus de 10,000 fusils.

L'amel ou gouverneur de ces territoires a sa résidence à Oudjeda, petite ville de 2,800 âmes, située sur une rivière qui porte son nom, non loin du lieu où s'est livrée la bataille d'Isly. Elle ne doit son importance qu'au voisinage de la frontière algérienne.

A la fin du dernier siècle, plusieurs familles d'Oudjeda vinrent, sur la demande du dey d'Alger, habiter la ville d'Oran, en partie déserte après l'évacuation des Espagnols, en 1792.

Oudjeda (3) n'est qu'à quatre heures de marche de Lalla, Maghnia (4).

Dans le désert d'Angad, une garnison d'environ cent cinquante soldats réguliers existe au village d'El Aïoun, près de la fameuse Koubba de Sidi Mellouk.

Ce sont les seuls renseignements que nous possédions aujourd'hui sur toute cette région qui s'étend entre l'Oued Adjeroud (frontière entre l'Algérie et le Rif) et la ville de Tétouan.

Une manufacture d'armes existe dans cette ville depuis une quinzaine d'années ; on y fabrique des fusils Martini.

Avant 1886, soixante jeunes gens appartenant aux meilleures familles de l'Empire ont été envoyés en Belgique, en Allemagne et en Angleterre pour y étudier la fabrication des cartouches métalliques. L'on dit même qu'au point de vue militaire, la cour de Fez veut arriver à se passer de l'étranger et à n'être pas obligée de se fournir d'armes et de munitions

---

(1) M. Castonnet des Fosses, Maroc. — *Revue de l'Af. française*, de M. J. Poinssot, tome IV, fasc. 16, 1886.

(2) Oujda. — *Notes d'un voyage de Fez à la frontière marocaine*, par M. de Chavagnac, en 1881. Le géographe El Bekri, qui écrivait, vers l'an 1058 de notre ère, donne de la petite ville d'Oudjeda une courte description que voici :

« Oujda se compose de deux villes ceintes de murailles, dont une fut bâtie postérieurement à l'an 440 (1048-49 de notre ère), par Yala, fils de Bologguin, de la tribu des Ourtaghuin. La ville neuve, renfermant plusieurs bazars, est habitée par des commerçants. — Le Djamé, situé en dehors des deux villes, s'élève auprès d'une rivière au milieu des jardins.

« Oujda est entourée de forêts et de vergers ; les vivres y sont de bonne qualité et le climat y est très sain. Les habitants se distinguent par la fraîcheur de leur teint et la douceur de leur peau. Les pâturages sont excellents pour les chevaux aussi bien que pour les bœufs, et un mouton peut souvent fournir jusqu'à deux cents onces de graisse.

« Les voyageurs venant de l'Orient et se rendant à Sildjilmena — (dans le Talifelt — au sud du Maroc proprement dit) — et aux autres localités de l'Occident, traversent l'Oudja à l'aller et au retour.

« Tabarirt est le port de la ville d'Oujda, dont elle est éloignée de quarante milles. »

L'emplacement où se trouvait Tabarirt nous est inconnu ; il faut peut-être le chercher à l'embouchure de l'Oued Adjeroud, frontière actuelle entre l'Algérie et le Maroc.

(3) D'après certains auteurs (Bargès, Tlemcen, page 162), il y aurait, à Oudjeda, les traces d'un camp fortifié. — M Tauxier, *Bul. des Ant. af.*, 1884, page 298, trouve à Oudjeda le Stabulum regis, parce qu'au moyen âge, dit-il, cette place a toujours été sur la grande route des invasions armées, et n'est qu'à une étape du fleuve Tafna, dans la direction de la Mauritanie Tingitane.

(4) A trois ou quatre kilomètres de Lalla Maghnia (Numérus Syrarum), dans la direction d'Oudjeda, il existerait les traces d'une ancienne voie.

chez les puissances européennes. Ce projet est loin d'être exécuté et, pour sa mise en pratique, il demandera encore de longues années.

QUELQUES NOTES SUR LA GÉOGRAPHIE COMPARÉE (1)

De l'embouchure de la Malua jusqu'aux colonnes d'Hercule, on ne trouve qu'une seule colonie phénicienne, Russaddir (Melilla), placée au seuil de cette mystérieuse région. Tous les autres noms de localités, que nous ont conservés les textes anciens, sont ou libyens ou romains.

Strabon, en parlant du grand promontoire de Russadir, mentionne, au Sud, une contrée dépourvue d'eau et stérile : c'est le désert de Gâret.

La plage qui borde l'anse de Tighissa a dû former un isthme ; c'est ce que semble indiquer le nom de Taenia Longa dont il sera question sur l'itinéraire romain.

L'Oued Laou est le Laud flumen que Pline indique entre deux autres fleuves navigables ; ce cours d'eau est mentionné par Abou Obéïd-el-Bekri, qui le qualifie de grande rivière navigable traversant le territoire des Beni Saïd ; en effet, ce territoire est habité par la tribu des Beni Saïd (de l'Ouest).

Le mont Phocra (2) de Ptolémée, qui s'étendait jusqu'au promontoire Russadir, et dans lequel étaient situées les villes d'Herpis (peut-être Guersif) et Molochath (peut-être Méduhar), se place à l'Ouest du désert de Gâret.

Le Dourda mons semble correspondre à la partie du massif de l'Atlas où la Molouïa prend sa source.

Le Diur mons semble être l'Atlas, et le Praxe de l'anonyme de Ravenne, la partie occidentale de l'Atlas.

Suivant Ptolémée, le littoral de la mer Ibérienne (littoral du Rif, à l'Ouest du promontoire de Melilla), était habité par les Sonossioi, ayant au-dessous les Oneponeïs, précisément dans le district de Ouargha.

Herpis, dans le Phocra, était la capitale des Manrènsioi et des Epnediranoï.

La géographie comparée de la Mauritanie Césarienne (province d'Oran), n'est pas encore assez complètement connue pour que l'on puisse, en procédant par voie d'élimination, faire la part de la Mauritanie Tingitane (Maroc), cependant quelques villes ont déjà pu être identifiées ; on le verra plus loin.

TABLEAU DES ITINÉRAIRES ROMAINS

(Voie (3) du littoral méditerranéen, dans le Rif)

Stations maritimes

Milles de 1480 m.

Malva flumen (l'Oued Molouïa), limite des deux Mauritanies....	— VII
Ad Tres Insulas (Iles Zafarines), sur le littoral Ras Sidi Bechir.	— XLV
Ryssader, ou Rusaddir colonia (Melilla)....................	— XV
Promuntorio Rysaddi (Ras Hourak)........................	— L
Promuntorio Cannarum (Ras Sidi Aïssa Oumats)............	— XXX
Ad Sex Insulas (El Mezemma) l'Alhucemas des Espagnols.....	— XVII
Promuntorium (Ras Bouz Kour)............................	— XX
Parietina (Bâdis)...	— XXV
Cobucla (Marsa Ouringa).................................	— XXIV
Taenia Longa (Marsa Zagaza ou Tighiça)...................	— XIII
AnpáO (Ras Kâa' Asras)..................................	— V
Ad Promontorium Barbari (anse Adelaou ou Marsa Oued el Laou)	

---

(1) Tissot.
(2) Ce massif rifain semble avoir la même élévation que l'Anti-Atlas (voir à cet effet : Rohlfs — *Mein erster aufenthalt in Marokko (Mon premier séjour au Maroc)*.
(3) Ce n'était certainement pas une voie de terre ; les stations n'étaient visitées que par des navires faisant le service de cette côte.

Ad Promontorium Barbari .... — VI
Laud flumen de Pline (Oued Laou)........................ — IX
Tamuda fl. navigabile (Oued Martil).................... — IV
Ad Aquilam maïorem (Ras et Terf)...................... — XII
Ad Aquilam minorem (Ras el Fnidek)................... — XIV
Ad Abilem (Ceuta, Sebta)................................... —

Au Maroc proprement dit [1]

Ad Abilem (Ceuta).. — XXX
Abyla... — XXX
Tingis (Tanger).. — XXV
Ad Mercuri (Dchar-Djedid)............ (bifurcation certaine) — VIII
Zilis (Azila).. — XIV
Tabernæ (Lella Djilaliya).................................. — XVI
Lixus (Tchemmich)... — XVI
Frigidae (Soueïr).. — XXXIV
Banasa (Sidi Ali Bou Djemoun)......................... — XXXII
Thamusida (Sidi Ali Ben Ahmed)....................... — XXXII
Sala (Col.) (R'bat).. — XVI
A Mercurios (?)..

Voie de l'intérieur

Ad Mercuri (Dchar-Djedid)............................... — VI
Ad Novas (S. el Yemani).................................. — XX
Oppidum novum (Ksar el Kebir)...... (bifurcation à peu près certaine) — X
Tremulæ (Basra ?).. — VIII
Viposcianæ (Dj. Korf)..................................... — XII
Gilda (Beni Mesguilda).................................... — IX
Aquæ Daciæ (Ain el Kibrit).............................. — IX
Volubilis (Ksar Faraoun).................................. — IV
Tocolocida ($\frac{?}{RR}$)..................................

On voit donc qu'à l'Extrême-Occident, une route intérieure (sans doute celle de Tocolosida à Ad Mercuri), dont il ne nous est parvenu qu'une indication tronquée, partait de quelque point, *soit de l'intérieur, soit de la côte*, pour revenir à Tingis, en passant par Volubilis, décorée du titre de colonie postérieurement au temps de Ptolémée ; un embranchement qui était tracé sur la feuille perdue (1er segment), de la Table de Peutinger, dont quelques vestiges défigurés se retrouvent dans la compilation du cosmographe anonyme de Ravenne, passait par Babba, érigée en colonie par Auguste, qui lui donna le nom de Julia Campestris. Un Rifain, des environs de Chichaouan, nous a certifié qu'une ancienne voie, dont il aurait vu des traces, existait entre l'Oued Kous et la pointe d'Omara, sur le littoral méditerranéen. La colonie de Julia Babba Campestris pourrait (suivant Tissot) être retrouvée à Es.-Serif (2) ; dans ce cas, la distance entre cette colonie et Oppidum Novum aurait été de XV milles romains ; la distance de Es Serif à la pointe d'Omara est de XXX milles.

Mais une autre voie intérieure paraît avoir existé entre Babba (Tingitane) et Numérus Syrorum (Cæsarienne), le Lalla Maghnia moderne de la province d'Oran. Prisciana et Vobrix se trouvaient sans doute sur cette route de l'intérieur.

---

(1) Ces voies ne semblent pas avoir existé à l'état de *viæ stratæ*, c'est-à-dire qu'elles n'ont pas été mesurées et aucun *agger* n'a été construit. Effectivement, on n'a jamais retrouvé au Maroc de borne milliaire ; les routes sont seulement jalonnées par des ruines et des débris de ponts.

(2) M. de la Martinière (voir l'*Armée romaine d'Afrique*, par M. Cognat), place *Babba ?* à Moulaï Abd es Salem, c'est-à-dire un peu plus au Nord que Tissot. Il n'existerait pas de ruines dans la région d'Es-Serif, mais des vestiges importants se trouveraient près de Moulaï Abdes Salem.

La ville de Prisciana, qui se retrouve sur le versant méridional de la grande chaîne du Rif, est mentionnée comme cité considérable par Pomponius Méla ; elle se trouvait dans la Mauritanie Tingitane.

Un pont romain, à l'Ouest de la ville de Tâza (sans doute les restes d'une cité antique), ainsi que d'autres vestiges romains, indiquent qu'une voie passait entre le massif rifain et le grand Atlas. Cette voie intérieure, non mentionnée par les itinéraires anciens, suivait certainement la route naturelle qui unissait le Maghreb extrême au Maghreb central (1).

Seules de nos jours, dit M. de la Martinière, des considérations politiques spéciales du gouvernement marocain ont comme condamné cette route pour fermer par le Nord-Ouest, aux populations du Rif, les contrées fertiles de la Tingitane centrale.

Au Sud du Rif, Guersif est le Garois de Léon l'Africain, qu'il place sur un roc auprès du fleuve Milvis (Malua), et Taourirt, à l'époque d'El Bekri, était le point où se bifurquaient les routes communiquant entre Melilla et Sidjilmassa, dans le Talifelt, où l'on a trouvé les ruines romaines. Disons aussi, en passant, qu'un pont romain existe encore sur un affluent de l'Oued Sala, non loin de l'Oued Drâa, à l'Extrême-Sud du Maroc. Rien ne prouve que les Romains ne se soient avancés au delà de l'Atlas, dans le pays jadis occupé par les Gétules. Suivant le dire des habitants du Sud marocain, les Romains auraient poussé leur domination jusqu'au 29º de latitude Nord. M. le capitaine Richert, qui est resté plusieurs années au Maroc, nous a assuré qu'il existait une chaussée de voie romaine un peu au Nord-Ouest de la ville de Maroc (Marrakech).

NOMS DES VILLES PLACÉES EN DEHORS DES ITINÉRAIRES

Tamuda, Herpis et Molochath (dans le Rif), Lissa, Cotta, Mulelacha, Rutubis portus, Risardir portus, Col. Pacatiana, Mergo Oppinon, Gontiana (2), Trisidis, Beuta ou Kenta, Galapha, Oïkath ou Tbikath, Dorath, Bocanon, Hemeron et Ouala — dans le Maroc proprement dit.

Banasa est sans doute identique à Castra Banensi et Castra Bariensi à Babba. Oppidum Novom est sans doute l'Oppidonebensis de la liste des évêques de la Tingitane ; Prisciana, l'Episcopus Pricianensis ou Prisianensis; et Oppinon semble correspondre à Oppinensis de la liste de Morcelli.

RÉSUMÉ D'HISTOIRE

Les premiers temps historiques de la Mauritanie Tingitane sont très obscurs, et on ne voit rien de remarquable depuis la lutte d'Hercule et d'Antée jusqu'au temps où les Romains commencèrent à pénétrer en Afrique. Ce n'est qu'à cette époque que l'on arrive à recueillir quelques informations sur la partie du littoral que baigne la Méditerranée.

C'est en l'an 42, ou peut-être au commencement de l'an 43 seulement, que la Tingitane fut annexée à l'Empire, mais les côtes métagonitiques et ibériennes ne commencent à être bien connues qu'au siècle des Antonins. Ptolémée cite un certain nombre de positions dans toute cette partie septentrionale de l'Afrique qui correspond au Rif.

Sous le règne de Marc-Aurèle, les barbares attaquèrent l'Empire avec acharnement et les hordes de l'Atlas ravagèrent même une grande partie

---

(1) Il est à supposer qu'une voie secondaire existait entre le littoral de l'Océan Atlantique et Tâza, par Fez (peut-être même Meknès), et Tocolosida ou Volubilis. — Voir, à ce sujet, la carte de M. Cagnat : *l'Armée romaine d'Afrique*, page 657.

(2) Gontiana se trouverait sur une route non mentionnée par les itinéraires, et cela entre Volubilis et Thamusida ; cette région est jalonnée par de nombreux postes romains en ruine.

de l'Espagne. En 216, Caracalla éleva tous les habitants libres de l'Empire au rang de citoyens.

Le règne de Gallien fut signalé par les incursions des Francs qui abordèrent sur la côte du Rif.

Sous Dioclétien, les Mauritanies furent désolées par une guerre qui nécessita la présence de Maximien. Nous n'avons sur cet événement que peu de renseignements, l'histoire ayant, à cette époque, tout à fait dégénéré en chronique (1).

Ce fut après cette guerre que Maximien réunit la Tingitane à l'Espagne.

Le christianisme ne semble pas avoir pénétré de suite dans l'Afrique occidentale ; il a dû s'arrêter dans quelques villages obscurs de la Césarienne ; cependant, chez les Khaïl du Rif, on a gardé quelques pratiques du Roumi détesté : des femmes portent le tatouage de la croix, et lors des couches difficiles, elles invoquent l'assistance de la « Vierge Marie ». Tous les musulmans du Maroc vénèrent du reste Lala Mariem (Vierge Marie) comme une sainte et croient à l'Immaculée Conception. Le calendrier romain est toujours en usage dans le Rif, concurremment avec le calendrier arabe, et c'est toujours du premier que l'on se sert pour indiquer les phases de la vie agricole.

En mai 429, les Vandales franchirent le détroit de Gadès et pénétrèrent dans le Rif.

En 710, les Arabes s'y dirigèrent à leur tour.

Nous passons sous silence les différents événements qui se sont produits depuis cette époque jusqu'à notre conquête de l'Algérie. La région du Rif n'a intéressé la France qu'à partir de 1844 ; une colonne française livre un combat à l'émir Abd-el-Kader dans le bassin de la Molouïa, à Sidi 'Aziz ; le 16 juin suivant, les Marocains sont battus à Sidi Mohammed el Ouasini. Abd-el-Kader établit son camp à Aïn Zohra où il resta jusqu'au printemps 1847 ; il le porte ensuite à Sabra, sur la rive gauche de la Molouïa, puis dans le Rif, sur l'Oued Aslaf, où il bat l'armée du sultan de Fez ; mais il est battu, à son tour, les 11 et 12 décembre 1847, par l'armée marocaine, dans le pays des Guel'a'ya. L'émir se retira alors à Agueddin, en face des îles Zafarines.

En 1854, la France prend l'initiative de l'exploration de la côte du Rif et de la répression de la piraterie (2).

Le sultan du Maroc se propose, depuis de longues années, de soumettre les populations des provinces du Rif, du Gâret et d'Oudjda, mais les refus d'obéissance qu'il a eus ne laissent pas prévoir l'époque où il pourra réaliser ce projet.

Voici ce que dit l'explorateur Duveyrier, il y a dix ans de cela (*Bulletin de Géographie du Comité*) :

« Autant puissant et varié est l'attrait d'une exploration scientifique du
« Rif, autant l'exécution de cette tâche, très difficile, exige de celui qui
« l'abordera une préparation toute spéciale ; la connaissance des hommes
« en général et une faculté d'observation et une patience poussées à leur
« maximum de développement. Mais ce n'est pas tout : l'entreprise
« demandera beaucoup de temps, parce qu'il faudra chercher avec le plus
« grand soin parmi les indigènes ceux qui, par leur influence, peuvent
« protéger le voyageur dans chaque canton. On ne pourra pas ici, comme
« dans le Maroc proprement dit, compter sur le concours de la partie

___
(1) Les nombreuses inscriptions trouvées en Algérie et celles que l'on trouvera sans doute encore, il faut l'espérer, permettront de reconstituer les faits principaux qui se sont produits pendant cette époque.

(2) Voir l'*Armée romaine d'Afrique*, par M. Cagnat, page 339, où il est dit : « À l'époque romaine, les ennemis venant du Sud et ceux qui habitaient dans l'intérieur du pays soumis (Atlas marocain) n'étaient pas les seuls que les Romains eussent à combattre en Afrique : il y avait aussi les pirates de la côte, et, par-dessus tous, ceux du Rif, en Tingitane, que l'on ne parvint jamais à soumettre.

« israélite de la population qui, pour des raisons d'ordre économique,
« craindra de voir s'ouvrir à une autre industrie et un autre commerce
« que les siens un pays baigné par la mer, et qui est pour elle un champ
« facilement exploitable. L'expérience a montré que les présidios sont des
« impasses, que le respect d'une autorité purement religieuse n'existe pas
« chez les habitants et que la protection du sultan du Maroc est sans effet
« dans le Rif. »

Ajoutons que les rabbins du Maroc sont en possession de nombreux documents en langue hébraïque, qu'il faudrait pouvoir consulter.

INDICATIONS MILITAIRES

En cas d'invasion des chrétiens, les Rifains — (renseignements donnés par un indigène de la tribu des Boquoñya) — concentreraient leurs guerriers sur les trois points suivants :

1º Sur la rive droite de l'Oued Kerd', près du mont Milon ;

2º Dans les massifs au sud de Nekoûr et de Bâdis et

3º Dans les montagnes des Ghomara, sur la rive gauche de l'Oued Ouargha.

Le Djebel Gouïn et le Djebel Senhadja indiquent la direction générale de la ligne de retraite, et c'est à ces deux points qu'aurait lieu la dernière résistance des Rifains avant de s'engager dans l'Atlas.

Nous ignorons si ces conventions existent réellement entre les nombreuses tribus du Rif, car ces montagnards ignorants sont constamment en guerre de canton à canton.

Voici ce que dit Henry Duveyrier, dans le *Bulletin du Comité des travaux historiques* (a. 1887) :

« Je ne sais plus quel misanthrope s'est permis de dire : « l'animal le plus méchant, c'est l'homme ». Et pourtant, s'il a pensé au Rif, il faut convenir qu'il n'avait pas tort. Comme les gens du Rif, le chacal s'associe pour faire ce que nous considérons comme de mauvais coups dont pâtiront des animaux étrangers à son espèce ; mais le chacal, ce quadrupède le plus féroce dans la région, ne tue jamais un chacal moins robuste que lui. A en croire leurs voisins immédiats et les quelques hommes raisonnables natifs de ce pays, que j'ai rencontrés dans le Rif, la sécurité fait toujours et partout défaut ; les guerres intestines de tribu à tribu sont très fréquentes et, en temps de paix, le plus fort vole et tue le faible pour un oui ou un non. Il n'y a pas pire gens que les Rifi ; ils tuent un homme pour un sou. »

Chez le plus grand nombre de Rifains, qui viennent faire la campagne de la moisson dans le département d'Oran et dont plusieurs n'y reviennent pas, par suite d'un règlement de vendetta ou d'une altercation suivie de meurtre, le spectacle de l'ordre qui règne en Algérie paraît ne les influencer qu'en les enivrant de leur supériorité, à eux qui, dans leur patrie, n'obéissent pas à leurs chefs et qui se font justice eux-mêmes suivant leur fantaisie. Ils nous croient faibles, parce que nous leur ouvrons notre pays et leur permettons d'y gagner, en deux ou trois mois, de quoi payer leur voyage, aller et retour, et vivre chez eux le reste de l'année. Ils se croient forts et redoutés parce que, non seulement nous ne nous imposons pas à eux, mais parce que toute l'Europe a subi leurs sanglants et cruels défis sans y répondre autrement que par de stériles démonstrations.

L'histoire contemporaine des relations des sultans de Fez et des nations européennes avec les habitants du Rif et du Gâret, portant seulement l'étiquette marocaine, n'est guère que la relation de révoltes contre leurs soi-disant souverains, d'incursions sur notre territoire algérien, ou d'actes de piraterie, et de trop rares essais de répression de ces méfaits.

Voilà ce qui explique pourquoi le Gâret et le Rif sont restés jusqu'à ce jour une *terra incognita*.

Que la frontière entre l'Algérie et le Maroc a donc été mal définie !! Nulle ligne de démarcation naturelle n'a été choisie comme borne d'indication pour les confins politiques. Il eût été plus simple de prendre pour frontière le cours de la Malouïa qui nous rendait maîtres d'une route conduisant directement à Fez par Taza et permettant ainsi d'occuper immédiatement, en cas de conflit, les dernières chaines de montagnes du Rif.

Si le Maroc tout entier n'est pas encore devenu territoire européen, la cause en est malheureusement aux rivalités des grandes puissances de l'Europe, qui s'interdisent mutuellement de toucher à cette terre inhospitalière.

Mais, d'avance déjà, le Maroc doit être considéré comme annexé politiquement à l'Europe et les habitants eux-mêmes se rendent compte de cette inévitable destinée (1).

A. WINKLER.

LISTE établissant le bilan des relations extérieures du Rif et du Gâret avec l'Europe et avec le gouvernement marocain

Au commencement de l'année 1844, à Sidi 'Aziz, dans le bassin de la Malouïa, une colonne française livre un combat à Abd-el-Kader soutenu par une armée marocaine. — Le 16 juin 1845, les généraux Bedeau et Lamoricière combattent encore les Marocains sous la chapelle de Sidi Mohammed-el-Ouasini. — Les 27 et 28 avril 1846, l'émir ternit sa réputation chevaleresque en faisant massacrer 270 prisonniers français dans le Gâret. — En 1847, Abd-el-Kader établit son camp, d'abord à Ain Zohra (Gâret), puis à Sabra, sur la Moloûya, et enfin dans le Rif, à l'Oued Aslaf. — A ce point, il est attaqué par une armée du sultan du Maroc, qu'il bat. — Il avait laissé (l'émir) sa famille et sa cour sous la Quasba d'Iselouâu, chez les Guela'aya, qui avaient tenté, pendant l'absence d'Abd-el-Kader, de faire un coup de main pour razzier un si riche butin. Comme vengeance, il attaque, bat et rançonne les Guela'aya. — Les 11 et 12 décembre de la même année (1847), une armée marocaine lui inflige une dure défaite sous la Quasba d'Iselouâu et, poursuivi par l'ennemi, il se dirige vers l'Est et atteint Agueddim sur la rive gauche de la Molouïa, cours d'eau qu'il ne peut traverser que le 21 décembre, sous le feu de ses ennemis musulmans. — En 1850, le général de Mac-Mahon est par deux fois obligé de combattre les Mezaouir, voisins ou parents des Beni Izenâsen, qui étaient venus s'établir sur le territoire français. — En octobre 1851, les Guela'aya capturent une goëlette espagnole, retenue par les calmes, à quatre milles du Ras Ouârek (cap des Trois Fourches) ; et, près de Melilla, un navire anglais, dont ils massacrent l'équipage, sauf deux matelots qui sont faits esclaves. Un vapeur anglais, envoyé au service de ces malheureux, se borne à constater que la côte du cap des Trois Fourches est jonchée de navires désemparés ou naufragés !!!

Au mois de mars 1852, entre Râs Ouârek et Melilla, un navire anglais et trois navires espagnols, immobilisés par les calmes, sont capturés par les Guela'aya et plusieurs matelots anglais sont tués. La canonnade d'un vaisseau de guerre espagnol qui survint n'a pu intimider les forbans.

---

(1) Voir dans la *Revue des Deux Mondes* — LXIIIe année — troisième période 1893, page 905, — *Les Anglais au Maroc*, par Edmond Planchut.

Les 10 avril, 15 mai et 24 juin de la même année, les Beni Izenásen, et notamment la tribu des Beni Derâr, voisine de nos 'Achâch, reçoivent de dures leçons des généraux Pélissier et de Montauban, à cause d'incursions faites sur le territoire algérien. — Le 18 novembre, les Espagnols de Melilla, agissant sans doute en représailles, s'emparent d'une barque marchande des Guala'aya qui faisait route pour Oran. — Immédiatement après, les Guela'aya capturent une balancelle espagnole avec les quinze hommes qui la montaient.

En décembre, ces mêmes Guela'aya attaquent un brick prussien dont ils se rendent maîtres, de haute lutte, après avoir tué trois marins ; le brick est mis à sac.

En 1853, au mois d'octobre, en vue de Melilla, les pirates de la tribu des Guela'aya, apercevant une balancelle espagnole immobile sur la mer sans brise, sautent dans leurs barques pour capturer cette proie. Heureusement, des secours sont envoyés à temps du présidio, et les Espagnols font aux pirates cinquante prisonniers qu'ils trouvent porteurs d'armes et de lunettes d'approche provenant du butin de leurs précédents coups de main. Ces prisonniers sont bientôt relâchés par le commandant supérieur de Melilla contre livraison d'une rançon de cinquante bœufs destinés à améliorer l'ordinaire de la garnison espagnole.

Le 7 juin 1854, les Rifains du canton de Temsâmân arment dix embarcations et viennent faire une décharge générale sur le bateau postal, momentanément en détresse et qui faisait le service du courrier espagnol entre les présidios et Malaga ; l'équipage ne peut faire mieux que de s'échapper dans un canot. Dix-huit jours après, une goëlette anglaise est prise par les Guela'aya, près du Râs Ouârek ; l'équipage anglais peut se sauver à temps.

Au mois d'août 1854, en présence de l'inertie des nations européennes, le gouvernement français commence, sur la côte du Rif, la répression de la piraterie. Le commandant de Challié (sur le *Newton*, de notre marine de guerre) s'approche du cap des Trois Fourches et reçoit des décharges de mousqueterie, auxquelles il répond par deux obus ; il constate qu'à Melilla, les Guela'aya ont trois mauvais petits canons gardés par une cinquantaine d'hommes ; ces pièces étaient braquées sur la place forte des Espagnols, armée de quatre vingt-dix canons et défendue par 1,200 soldats. Les jours de fête, en manière de réjouissance, les Guela'aya tiraient leurs canons et envoyaient dans Melilla quelques boulets qui faisaient des dégâts et blessaient ou tuaient les habitants ; dès qu'un Espagnol se montrait à une embrasure de la muraille d'enceinte, une balle de mousquet lui était envoyée. Ayant pris langue à Melilla, M. de Challié double à nouveau le Râs Ouârek et descend le promontoire du côté Ouest. Par deux fois, des coups de fusil sont tirés sur le *Newton*, qui riposte par des obus ; la deuxième fois, les Guela'aya avaient arboré le pavillon blanc pour engager nos marins, dont ils ne connaissaient pas encore la nationalité, à s'approcher davantage de la côte.

Devant le village d'Azanen, M. de Challié prend l'offensive et, voyant une barque qu'on tire à terre, il y envoie un obus qui la détruit et tue deux hommes. La fusillade s'engage et un deuxième bateau des Beni Boû Gâfer est mis en pièces. Les Beni Boû Gâfer d'Azanen font amende honorable, mais sept mois après la leçon était déjà oubliée.

C'est à cette époque que la marine française lève la côte africaine du détroit de Gibraltar et celle du Maroc y compris le Rif. A la fin du mois de décembre, un contrebandier espagnol de Gibraltar, chassé par un garde-côte espagnol, se réfugie sur la côte du Rif où les habitants l'attaquent et lui tuent trois hommes.

Le 8 avril 1855, le *Jeune Dieppois*, allant de Cardiff à Malte, est attaqué à trente milles à l'Ouest du Râs Ouârek, il est pris par deux cents Beni

Boû Gâfer d'Azanen, montés sur douze bateaux, et l'équipage français, composé de six hommes, est fait prisonnier ; ces six hommes sont rachetés au prix de 16,000 fr. par le capitaine de frégate, M. Balthazar Duveyrier !!! Dans le courant des mois de septembre et d'octobre, le *Phare* (commandant de Kerhallet) soutient huit attaques entre les îles Zafarines et la ville de Ceuta ; et les Guela'aya échangent avec nos marins plusieurs coups de canon.

Les attaques se renouvellent à Alhucemas, à Pennon de Velez et à l'anse d'Iris, chez les Beni Boû Feràh, que le commandant de Kerhallet considère comme la pire des tribus du Rif ; à l'anse des Traitres, à celle des Roches-Noires et à la pointe des Pêcheurs, chez les Metiwa' El-Bahar ; enfin, devant le village d'Ousbrak, chez les Beni Saïd de l'Ouest.

« N'étaient les armes à feu, — dit l'explorateur Duveyrier, — ne croirait-on pas voir refleurir les beaux jours du moyen âge sur la Méditerranée ? »

Nous faisons remarquer ici que ce sont bien les Metiwa' El-Bahar qui sont les Rifi les plus féroces.

En 1856, le prince Adalbert de Prusse, chef de l'amirauté prussienne, côtoie le Rif ; on tire sur son bâtiment, il fait une descente et est blessé dans le combat.

Si pendant les vingt-neuf ans qui suivent on n'a à relater aucune agression des gens du Rif sur les Européens, ce n'est pas que leur caractère se soit amendé ; c'est uniquement par insuffisance dans les sources d'informations auxquelles on a pu recourir.

Au mois de mars 1885, des officiers espagnols de la garnison d'Alhucemas (Hadjret en Nekour), montés sur une barque, sont attaqués à Beni Burriaga ; on donne réparation immédiate aux Espagnols.

Au commencement de mars 1886, des désordres éclataient sur la frontière d'Algérie parmi les tribus marocaines ; et le général Gand, commandant la subdivision de Tlemcen, fut obligé de défendre ou de protéger nos tribus de la province d'Oran.

Nous passerons sous silence la dernière expédition des Espagnols à Melilla.

Au commencement de 1896, une barque espagnole a été poursuivie par les pirates du Rif et un fonctionnaire français du département d'Oran a été assassiné par un Rifain !!!

Enfin, en octobre de la même année, la barque française *Prosper-Corin* est capturée par les Maures.

Que l'on ne compte pas sur un adoucissement des mœurs des habitants du Rif et du Gâret ; ces gens resteront ce qu'ils sont depuis plus de deux mille ans.

A quand le châtiment et à qui reviendra cette besogne ?

A. W.

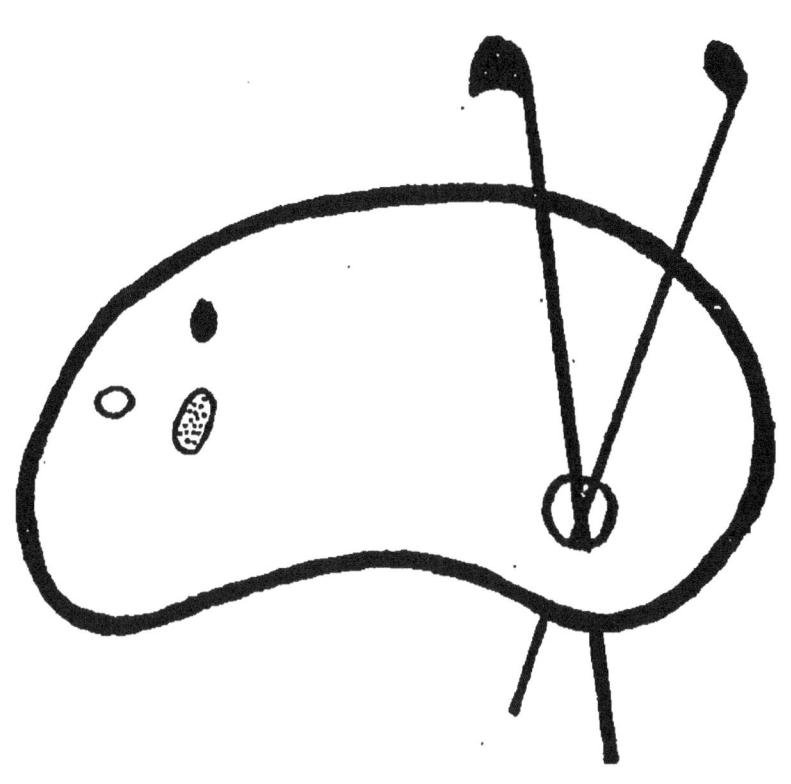

ORIGINAL EN COULEUR
NF Z 43-120-8

www.ingramcontent.com/pod-product-compliance
Lightning Source LLC
Chambersburg PA
CBHW071439060426
42450CB00009BA/2253